초등 공부력 강화 프로젝트

그림한자

동양북스 교육콘텐츠연구회 지음

5 단계

🔖 동양북스

슈퍼파워 미션 지도

매일매일 공부하면 한자 슈퍼파워가 생겨요!
하루에 한 장 열심히 공부하고 미션맵에 익힌 한자를 써 보세요!

하루 미션을 성공하면
익힌 한자를 적는 거야!

1일
美 術

2일
英 才

3일
多 讀

4일
科 目

가뿐하게 통과!

5일
理 由

6일
醫 藥

7일
米 飮

8일
失 神

9일
庭 園

이정도 쯤이야
문제 없어!

10일
作 定

우와! 드디어 슈퍼파워가 생겼어!

23일
社│在

24일
待│第

25일
苦│利

영차, 영차! 포기하지 않으면, 좋은 일이 생겨!

22일
衣│業

21일
清│黃

20일
古│新

17일
開│放

18일
勇│者

19일
强│弱

16일
樂│章

15일
部│族

14일
線│路

한 단계씩 차근차근, 탄탄히 하는 거야!

11일
特│急

12일
高│速

13일
使│用

무엇을 배울까요?

어떻게 사용할까요?

이 책은 처음 한자를 접하는 학생들이 그림을 통해 좀 더 쉽게 한자를
배우는데 목표를 두고 다음과 같이 구성하였습니다.

1단계 매일매일 체크해요!

하루에 두 글자씩, 25일에 완성하는
한자 프로그램으로, 매일매일 체크하며
공부습관을 길러요!

2단계 한자와 친해져요!

이야기 속 한자와 한자어를 잘 살펴보고, 그날에 배울 한자를
획순에 맞추어 천천히 한 획씩 따라 쓰면서 한자와 친해져요.

3단계 그림과 함께 익혀요!

그림으로 한자의 뜻과 소리를 이해하고 큰
소리로 따라 읽으며 한자의 모양을 익힙니다.
한자가 쓰인 한자어를 읽으면 한자를 더 폭넓게
활용할 수 있어요. 그리고 한자를 천천히
소리내 읽으며 필순에 맞추어 따라 쓰다 보면
한자 슈퍼파워가 생겨요.

※ 한자 원리는 한자의 이해를 돕기 위해 작성된 한자 풀이
로, 이는 사람마다 견해가 다를 수 있습니다.

4단계 꼼꼼하게 확인해요!

한 주 동안 배운 한자의 뜻과 소리,
한자어 활용에 대한 다양한 문제를 풀며
한자능력검정시험을 준비할 수 있어요.
이렇게 문제를 풀다 보면 자연스럽게
어휘력도 쑥쑥 자라나요!

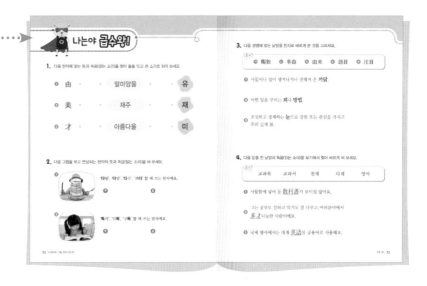

5단계 놀면서 배워요!

미로찾기, 선 잇기, 스도쿠, 색칠하기 등
다양한 한자 놀이를 하다 보면 그동안
배운 한자를 오래 기억할 수 있어요!

6단계 미리 준비해요!

실제 시험을 대비해서 6급 한자능력검정시험을
풀어 보아요. 그동안 모아둔 슈퍼파워를 사용하면
문제없이 시험에 합격할 거예요!

지도 노하우 Q&A

 한자를 배우면 무엇이 좋을까요?

한자는 우리말 낱말의 기초를 이루고 있어요. 우리말 중에서 한자로 구성된 낱말이 전체의 70% 이상을 차지할 정도로 많아요. 특히 학습에 필요한 낱말 중 90% 이상이 한자어이기 때문에 한자를 잘 알면 단순히 국어 실력만 높아지는 것을 넘어서, 수학이나 과학, 사회와 같은 다른 과목들의 학습 능력도 향상되지요.

한자에는 '확장성'이라는 힘이 있기 때문에, 하나의 한자로도 수많은 낱말을 이해할 수 있게 됩니다. 예를 들어 '水(물 수)'라는 한자를 배우고 나면, '수돗물', '수영', '강수량' 등 정말 수없이 많은 단어를 이해할 수 있는 거예요. 그러니 처음부터 너무 겁먹지 말고 꾸준히 한자 공부를 이어나가도록 해요!

어떻게 하면 효과적으로 공부할 수 있을까요?

한자는 맨 처음 그림에서 출발한 문자입니다. 특히 우리가 처음 배우는 기초한자의 경우에는 그림문자에서 나온 '상형문자'가 많아요. 그러므로 그림을 토대로 한자를 이해하면 한자의 뜻도 자연스럽게 알 수 있게 되는 거예요. 또 한자를 따라 쓰는 것은 아주 효과적인 방법입니다. 쓰기는 뇌 활성화에 큰 도움을 주기 때문에 그냥 외우는 것보다 더 오래, 강하게 기억할 수 있거든요. 이때 한자의 뜻과 독음(읽는 소리)을 큰 소리로 읽으면서 쓴다면 효과가 더 좋지요!

그리고 급수 시험에 도전해 보는 것도 좋아요. 자신의 한자 실력이 어느 정도인지 평가하면서, 성취감도 맛볼 수 있기 때문이에요.

슈퍼파워		한자능력검정시험 안내
1단계	8급 50자	한자 학습 동기부여를 위한 **기초 단계**
2단계	7급Ⅱ 50자	기초 사용한자 활용의 **초급 단계**
3단계	7급 50자	기초 사용한자 활용의 **초급 단계**
4단계	6급Ⅱ 75자 중 50자	한자 쓰기를 시작하는 기초 사용한자 활용의 **중급 단계**
5단계	6급Ⅱ 75자 중 25자 + 6급 75자 중 25자	한자 쓰기를 시작하는 기초 사용한자 활용의 **중고급 단계**
6단계	6급 75자 중 50자	한자 쓰기를 연습하는 기초 사용한자 활용의 **고급 단계**

* 상위 급수는 하위 급수 한자를 모두 포함하며, 급수와 급수Ⅱ는 각각 별도의 급수입니다.

어떻게 하면 한자를 쉽게 쓸 수 있을까요?

한자는 보기만 해도 어려운데 쓰려고 하면 획이 이리저리 엉켜 있어 당황하기 쉬워요. 획순의 기초를 이해하면 쉽습니다. 획순이란 획을 긋는 순서인데, 이것은 선조들이 아주 오랫동안 한자를 쓰면서 편리하고 빠르게 쓰는 방법을 찾아내 정리한 것이에요. 그러니 억지로 외울 필요가 없이, 쓰다보면 자연스럽게 획순에 맞게 쓰게 됩니다. 아래 다섯 가지 순서를 익혀 보세요!

- 상하 구조의 것은 위에서부터 아래로 씁니다.

- 좌우 대칭형의 것은 가운데를 먼저 쓰고, 좌우의 것은 나중에 씁니다.

- 글자 전체를 관통하는 세로 획은 맨 마지막에 씁니다.

- 좌우 구조의 것은 왼쪽에서부터 오른쪽으로 씁니다.

- 내외 구조의 것은 바깥의 것을 먼저 쓰고 안의 것은 나중에 씁니다.

1주차

美 자와 術 자를 배워요.

큰일 났어요. 미술 시간에
필요한 준비물을 깜빡 잊고
집에 두고 왔어요. 어젯밤에
미리 챙겨 두기까지 했는데,
너무 속상해요.

사진을 보고 '아름답다'와 '재주'를
나타내는 한자를 쓰는 순서에 맞게
따라 써 보세요.

아름다울 미

재주 술

術

아름다울 미

'아름답다', '맛있다'라는 뜻이고, '미'라고 읽어요.
'미술', '미인', '미담', '미식' 할 때 쓰는 한자예요.

제사 때 신에게 바치는 크고(大) 살찐 양(洋)은 보기도 좋고
아름다우며 맛있다고 하여 만들어진 글자예요.

美 美 美 美 美 美 美 美 美

부수 羊 　 총획 9획

재주 술

'**재주**', '**방법**', '**꾀**'라는 뜻이고, '술'이라고 읽어요.
'기술', '수술', '마술', '술수' 할 때 쓰는 한자예요.

사람들이 많이 다니는(行) 길에서 행인들을 모아놓고 차력이나 묘기 같은 잡기를 부리는 모습에서 '재주'의 뜻을 나타내게 되었어요.

術 術 術 術 術 術 術 術 術 術 術　　부수 行　총획 11획

英 자와 才 자를 배워요.

제 동생은 영특하기로 소문난 수학 영재예요.

각종 수학 경시대회에서 여러 차례 수상도 했어요.

사진을 보고 '뛰어나다'와 '재능'을 나타내는

한자를 쓰는 순서에 맞게 따라 써 보세요.

꽃부리 영

재주 재

꽃부리 영

'뛰어나다', '영국'이라는 뜻이고, '영'이라고
읽어요.
'영웅', '영특', '영어' 할 때 쓰는 한자예요.

처음에는 꽃잎 전체(꽃부리)를 의미했지만, 꽃이 피면 눈에
띄고 두드러져 아름답게 보이는 것에서 '뛰어나다'의 뜻만
남게 되었어요.

英 英 英 英 英 英 英 英 英

부수 ⁺⁺(艸)　총획 9획

才

재주 재

'재주', '재능이 있는 사람'이라는 뜻이고,
'재'라고 읽어요.

'천재', '귀재', '영재' 할 때 쓰는 한자예요.

땅을 뚫고 땅 위로 힘 있게 돋아나는 새싹을 사람의 재능이나
재주에 비유해서 만들어진 글자예요.

才 才 才

부수 扌(手)   총획 3획

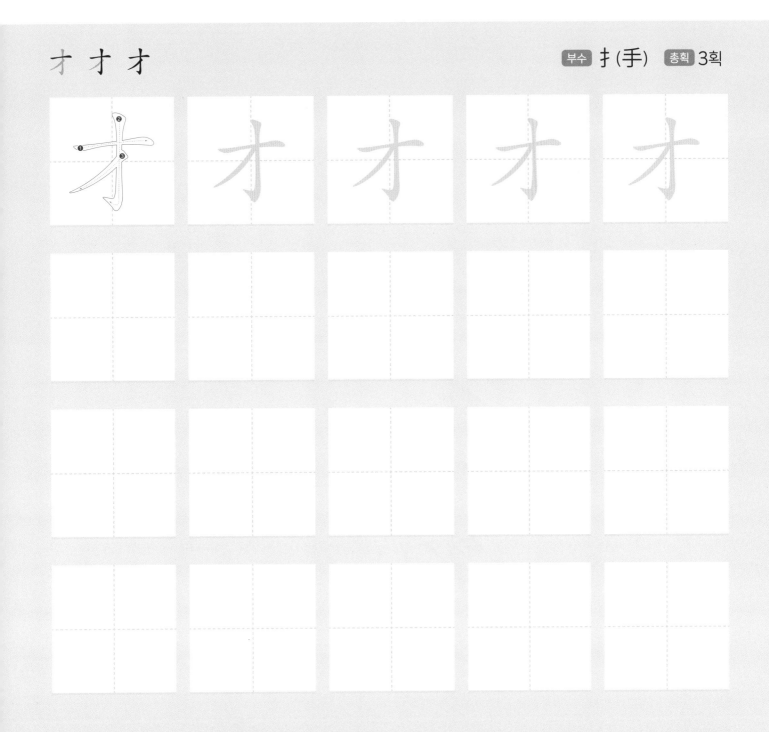

Day 03 多 자와 讀 자를 배워요.

책을 많이 읽으면 '다독', 빠르게 읽으면 '속독', 자세히 읽으면 '정독'이라고 하죠.

우리 친구들은 어떤 독서 습관을 가지고 있나요?

사진을 보고 '많다'와 '읽다'를 나타내는 한자를 쓰는 순서에 맞게 따라 써 보세요.

많을 다

읽을 독, 구절 두

讀

많을 다

'**많다**'라는 뜻이고, '**다**'라고 읽어요.
'다량', '다양', '다수', '과다' 할 때 쓰는
한자예요.

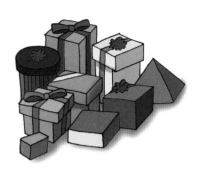

저녁(夕)과 저녁(夕)이 거듭되어 시간이 많이 지났다는 데서
'많다'의 뜻을 나타내게 되었어요.

多 夕 夕 夕 多 多

부수 夕 　 총획 6획

읽을 독, 구절 두

'읽다'를 뜻할 때는 '독'이라고 읽고,
'구절'을 뜻할 때는 '두'라고 읽어요.
'독서', '다독', '구독', '구두점' 할 때 쓰는
한자예요.

행상이 물건을 팔 때(賣) 소리 내어 말(言)하는 것처럼 글도
소리를 내어 읽는다는 데서 '읽다'의 뜻을 나타내게 되었어요.

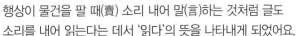

| 부수 | 言 | 총획 | 22획 |

Day 04 科 자와 目 자를 배워요.

부모님이 어렸을 땐 초등학교를 국민학교라고 했대요.
이때는 배우던 과목명도 다르고 교과서 모양새도
지금과는 많이 달랐다고 해요.

사진을 보고 '과목'과 '분류하다'를 나타내는
한자를 쓰는 순서에 맞게 따라 써 보세요.

과목 과

눈 목

장생포옛마을

소화기
FIRE EXTINGUISHER

시간표

요일/시간	월	화	수	목	금	토
1	국어	산수	자연	사회	산수	자연
2	산수	사회	국어	산수	국어	사회
3	사회	자연	산수	국어	자연	실과
4	자연	국어	음악	도덕	미술	자유학습
3	체육		특활			
4						

과목 과

'**과목**', '**분야**'라는 뜻이고, '**과**'라고 읽어요.
'과목', '교과서', '학과', '치과' 할 때 쓰는
한자예요.

禾(벼 화)는 곡물을, 斗(말 두)는 곡식을 세는 단위로, 곡물을
등급에 따라 말로 나누는 것처럼 학문도 여러 분야로 나눈다는
데서 만들어진 글자예요.

科 科 科 科 科 科 科 科 科

부수 禾   총획 9획

科 科 科 科 科

目

눈 목

'눈' 이외에 어떤 것을 분별, 분류하는 '**안목**',
'**항목**', '**목록**'이라는 뜻이고, '**목**'이라고 읽어요.
'**목격**', '**주목**', '**안목**', '**목록**' 할 때 쓰는 한자예요.

사람의 눈 모양을 본뜬 것에서 만들어진 글자예요.

目 目 目 目 目

부수 目 　총획 5획

理 자와 由 자를 배워요.

우리는 단지 집이 가깝다는 이유 하나만으로 정말 친한 단짝 친구가 되었어요. 이제는 무엇을 하든 어디를 가든 매일매일 함께해요.

사진을 보고 '이치'와 '까닭'을 나타내는 한자를 쓰는 순서에 맞게 따라 써 보세요.

다스릴 리

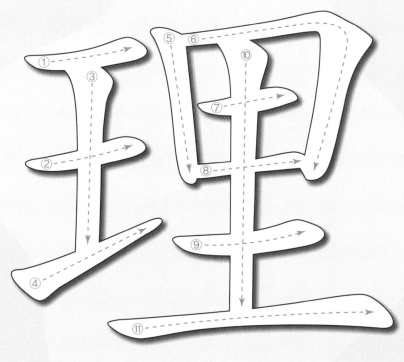

말미암을 유

理

다스릴 리

'다스리다', '이치', '수선하다'라는 뜻이고,
'리'라고 읽어요.
'처리', '이해', '진리', '수리' 할 때 쓰는 한자예요.

옥(玉)의 원석을 깎을 때 결을 잘 알고 다스릴 줄 알아야, 고운 결의
옥을 만들 수 있다는 데서 '다스리다'의 뜻을 나타내게 되었어요.

理 理 理 理 理 理 理 理 理 理 理　　부수 王(玉)　　총획 11획

由

말미암을 유

'말미암다', '까닭', '~부터'라는 뜻이고,
'유'라고 읽어요.
'이유', '유래', '자유' 할 때 쓰는 한자예요.

밭에서 돋아난 새싹을 본뜬 글자로, 싹이 나는 까닭은
씨앗을 뿌렸기 때문이라 해서 '말미암다'의 뜻을 나타내게
되었어요.

由 由 由 由 由

부수 田 총획 5획

1. 다음 한자에 맞는 뜻과 독음(읽는 소리)을 찾아 줄을 잇고 큰 소리로 읽어 보세요.

❶ 由 ・　　　・ 말미암을 ・　　　・ 유

❷ 美 ・　　　・ 재주 ・　　　・ 재

❸ 才 ・　　　・ 아름다울 ・　　　・ 미

2. 다음 그림을 보고 연상되는 한자의 뜻과 독음(읽는 소리)을 써 보세요.

❶

'**다**량', '**다**양', '**다**수', '과**다**' 할 때 쓰는 한자예요.

뜻　　　　　　　　음

❷

'**독**서', '다**독**', '구**독**' 할 때 쓰는 한자예요.

뜻　　　　　　　　음

3. 다음 설명에 맞는 낱말을 한자로 바르게 쓴 것을 고르세요.

> 보기
>
> ㄱ 術數   ㄴ 事由   ㄷ 由來   ㄹ 題目   ㅁ 注目

❶ 사물이나 일이 생겨나거나 전해져 온 **까닭**.

❷ 어떤 일을 꾸미는 **꾀**나 **방법**.

❸ 조심하고 경계하는 **눈**으로 살핌 또는 관심을 가지고 주의 깊게 봄.

4. 다음 밑줄 친 낱말의 독음(읽는 소리)을 보기에서 찾아 바르게 써 보세요.

> 보기
>
> 교과목   교과서   천재   다재   영어

❶ 사물함에 넣어 둔 <u>教科書</u>가 보이질 않아요.

❷ 그는 공부도 잘하고 악기도 잘 다루고, 여러 분야에서 <u>多才</u>다능한 사람이에요.

❸ 국제 행사에서는 대개 <u>英語</u>를 공용어로 사용해요.

5. 다음 밑줄 친 낱말의 한자를 보기에서 찾아 바르게 써 보세요.

보기

美人　　　　科目　　　　理由　　　　自由　　　　美術

❶ 처음 참가한 <u>미술</u> 대회에서 입상을 했어요.

❷ 굳이 한 가지만 고집하는 <u>이유</u>를 도통 모르겠어요.

❸ 제가 좋아하는 <u>과목</u>은 국어와 영어예요.

6. 다음 뜻과 음에 알맞게 한자를 완성하고 누락된 획은 몇 번째 쓰는 획인지 써 보세요.

❶ 英
총 9획 중
　　　　번째
꽃부리 영

❷ 理
총 11획 중
　　　　번째
다스릴 리

❸ 科
총 9획 중
　　　　번째
과목 과

❹ 讀
총 22획 중
　　　　번째
읽을 독, 구절 두

7. 다음 이야기를 읽고, 속담과 고사성어를 천천히 따라 써 보세요.

소에게 아무리 좋은 글을 백 번 천 번 읽어줘도 소는 그 말뜻을 못 알아듣겠지요? '소귀에 경 읽기'라는 속담은 아무리 가르치고 일러 주어도 알아듣지 못하거나 귀담아 듣지 않을 때 쓰는 말이에요.

같은 뜻을 고사성어로 표현할 때는 '우이독경(牛耳讀經)'이라고 말해요.

비슷한 뜻의 고사성어로는 '마이동풍(馬耳東風)'이라는 말이 있어요. '말의 귀에 동풍'이라는 뜻으로, 남의 말에 귀 기울이지 않고 흘려버리는 것을 말해요.

✏️ 속담 쓰기

소	귀	에		경		읽	기	
소	귀	에		경		읽	기	

✏️ 고사성어 쓰기

牛	耳	讀	經
소 우	귀 이	읽을 독	글 경

* 經(경)은 선현의 좋은 말씀이 담긴 책을 말해요.

나는야 놀이왕!

밤하늘에 별

밤하늘에 떠 있는 별들에는 한자도 함께 있어요. 보기에 주어진 다섯 개의 한자어를 찾아 서로 연결해 보세요. 짝이 없는 하나의 한자도 찾아 보세요. 그리고 큰 소리로 읽어 보세요.

보기 과목(科目), 심술(心術), 다수(多數), 영어(英語), 이유(理由)

밑줄 친 한자어에 알맞은 한자를 찾아 선으로 이어 보세요.
그리고 큰 소리로 읽어 보세요.

<u>미술</u> 작품 •

• 讀書

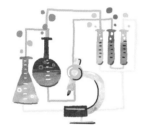

<u>과학</u> 기술 •

• 科學

<u>독서</u> 활동 •

• 美術

<u>자유</u> 여행 •

• 天才

<u>천재</u> 수학자 •

• 自由

2주차

醫 자와 藥 자를 배워요.

유효 기한이 지나거나 오염된 **의약**품은 그냥 아무데나 버리지 말고 꼭 주변 약국이나

보건소, 동사무소 등에 설치된 폐**의약**품 전용 수거함에 안전하게 버려야 해요.

사진을 보고 '고치다'와 '약'을 나타내는 한자를 쓰는 순서에 맞게 따라 써 보세요.

의원 의

약 약

藥

의원 의

'의원', '의술', '(병을)고치다'라는 뜻이고,
'의'라고 읽어요.
'의사', '명의', '의료', '의약' 할 때 쓰는 한자예요.

다쳐서 신음(殹)하는 환자의 상처 부위에 술(酉)을 뿌려 치료하는
모습에서 '의원'의 뜻을 나타내게 되었어요.

醫 醫 醫 醫 醫 醫 醫 醫 醫 醫 醫 醫 醫
醫 醫 醫 醫

부수 酉 **총획** 18획

약 약

'약'이라는 뜻이고, '약'이라고 읽어요.
'약국', '약초', '약물', '보약' 할 때 쓰는
한자예요.

병을 고치는 데 약효를 지닌 풀(艹)을 사용한 데서
'약'의 뜻을 나타내게 되었어요.

藥 藥 藥 藥 藥 藥 藥 藥 藥 藥 藥 藥 藥 藥
藥 藥 藥 藥 藥

부수 ⁺⁺(艹)   총획 19획

米 자와 飮 자를 배워요.

동생이 장염으로 입원했어요. 첫날은 금식이었고, 둘째 날이 되어서야
묽게 쑨 **미음**이 식사로 나왔어요. **미음**은 쌀과 물만 넣고 끓여 낸 음식이라
위나 장에 부담을 주지 않아 환자에게 좋데요.

사진을 보고 '쌀'과 '마시다'를 나타내는 한자를 쓰는
순서에 맞게 따라 써 보세요.

쌀 미

마실 음

飲

쌀 미

'쌀'이라는 뜻이고, '미'라고 읽어요.
'백미', '미음', '미색' 할 때 쓰는 한자예요.

벼의 낱알 모양을 본뜬 것에서 '쌀'의 뜻을 나타내게 되었어요.

米 米 米 米 米 米

부수 米 총획 6획

마실 음

'마시다', '마실 것'이라는 뜻이고, '음'이라고 읽어요.

'음료', '음식', '시음' 할 때 쓰는 한자예요.

술을 하품하듯(欠) 입을 크게 벌리고 먹는(食) 모습에서 '마시다'의 뜻을 나타내게 되었어요.

飲 飲 飲 飲 飲 飲 飲 飲 飲 飲 飲 飲 飲 | 부수 食 | 총획 13획

失 자와 神 자를 배워요.

아빠는 출장에서 돌아오자마자 옷도 갈아입지 않은 채
그대로 침대에 누워 몇 시간째 아무런 미동도 없이 실신한
사람처럼 잠만 잤어요.

사진을 보고 '잃다'와 '정신'을 나타내는 한자를
쓰는 순서에 맞게 따라 써 보세요.

잃을 실

귀신 신

神

잃을 실

失

'잃다', '사라지다'라는 뜻이고, '실'이라고
읽어요.

'실수', '분실', '실망', '소실' 할 때 쓰는 한자예요.

손에 쥐고 있던 물건이 떨어져 나가는 모습에서 '잃다'의 뜻을
나타내게 되었어요.

失 失 失 失 失

부수 大 　총획 5획

失 失 失 失 失

귀신 신

'귀신', '신', '신기하다', '정신'이라는 뜻이고,
'신'이라고 읽어요.
'신화', '신성', '신비', '실신' 할 때 쓰는 한자예요.

제사 지내는 대상은 볼 수도 없고 만질 수도 없는 성격의 다른 존재라고
해서 '귀신', '신'의 뜻을 나타내게 되었어요.

神 神 神 神 神 神 神 神 神 神   부수 示   총획 10획

庭 자와 園 자를 배워요.

엄마가 거실 베란다에 화분들을 가져다 놓고 예쁘게 꾸며 작은 **정원**을 만드셨어요. 새로 생긴 우리 집 작은 **정원**이 무척 마음에 들어요.

사진을 보고 '집'과 '뜰'을 나타내는 한자를 쓰는 순서에 맞게 따라 써 보세요.

뜰 정

園

동산 원

뜰 정

庭

'뜰', '마당', '집', '곳'이라는 뜻이고,
'정'이라고 읽어요.
'교정', '가정', '법정' 할 때 쓰는 한자예요.

처음에는 지붕을 이은 큰 건물의 조정(廷)을 가리켰으나 후에
민간에도 넓은 뜰이 있는 집(广)들이 생기자, 조정과 구분하기
위해 만들어진 글자예요.

庭 庭 庭 庭 庭 庭 庭 庭 庭 庭　　부수 广　총획 10획

庭　庭　庭　庭　庭

동산 원

'동산', '밭', '뜰'이라는 뜻이고, '원'이라고
읽어요.
'공원', '낙원', '원예', '정원' 할 때 쓰는 한자예요.

울타리 등으로 에워싸(囗) 만들어 놓은 과수원이나 밭의
모습에서 '동산'의 뜻을 나타내게 되었어요.

園 園 園 園 園 園 園 園 園 園 園 園 園 **부수** 囗 **총획** 13획

作 자와 定 자를 배워요.

형이 이번에는 단단히 작정한 것 같아요. 몇 시간째 꼼짝도 하지 않고 책상에 앉아 공부만 하고 있어요.

사진을 보고 '일하다'와 '결정하다'를 나타내는 한자를 쓰는 순서에 맞게 따라 써 보세요.

지을 작

정할 정

지을 작

'짓다', '만들다', '창작하다', '일하다'라는 뜻이고,
'작'이라고 읽어요.
'작문', '작성', '작가', '작동' 할 때 쓰는 한자예요.

기계가 없던 시절, 사람이 직접 옷을 지어 입는 모습에서
'짓다'의 뜻을 나타내게 되었어요.

作 作 作 作 作 作 作 　　　부수 亻(人)　　총획 7획

정할 정

定

'정하다', '결정하다', '인정하다'라는 뜻이고,
'정'이라고 읽어요.
'고정', '일정', '작정', '긍정' 할 때 쓰는 한자예요.

집(宀)안의 물건이 놓일 자리에 바르게(正) 자리 잡도록
정한다는 데서 '정하다'의 뜻을 나타내게 되었어요.

定 定 定 定 定 定 定 定

부수 宀 총획 8획

나는야 급수왕!

1. 다음 한자에 맞는 뜻과 독음(읽는 소리)을 찾아 줄을 잇고 큰 소리로 읽어 보세요.

❶ 神 ·　　　· 　정할　 ·　　　· 신

❷ 園 ·　　　· 　동산　 ·　　　· 원

❸ 定 ·　　　· 　귀신　 ·　　　· 정

2. 다음 그림을 보고 연상되는 한자의 뜻과 독음(읽는 소리)을 써 보세요.

❶

'백**미**', '**미**음', '**미**색' 할 때 쓰는 한자예요.

뜻　　　　　　　　음

❷

'**약**국', '**약**초', '**약**물', '보**약**' 할 때 쓰는 한자예요.

뜻　　　　　　　　음

3. 다음 설명에 맞는 낱말을 한자로 바르게 쓴 것을 고르세요.

> 보기
>
> ㄱ 家庭　　ㄴ 飮食　　ㄷ 校庭　　ㄹ 作定　　ㅁ 一定

❶ 학교 안에 있는 **뜰**이나 운동장.

❷ 어떤 것의 크기, 모양, 시간 등이 하나로 **정해져** 있음.

❸ 사람이 먹고 **마실** 수 있도록 만든 것을 통틀어 이르는 말.

4. 다음 밑줄 친 낱말의 독음(읽는 소리)을 보기에서 찾아 바르게 써 보세요.

> 보기
>
> 공원　　　작성　　　공용　　　작정　　　실수

❶ 답안지는 반드시 컴퓨터용 사인펜으로 <u>作成</u>해야 해요.

❷ <u>失手</u>로 아끼던 컵을 깨뜨렸어요.

❸ 화창한 봄날이면, 고궁이나 <u>公園</u>은 사람들로 복작거려요.

5. 다음 밑줄 친 낱말의 한자를 보기에서 찾아 바르게 써 보세요.

> 보기
>
> 消失　　　失神　　　醫術　　　神話　　　醫學

❶ 요즘 그리스 로마 **신화**에 푹 빠져있어요.

❷ 저는 탁월한 **의술**과 어진 마음을 겸비한 의사가 되고 싶어요.

❸ 화재로 인한 문화재 **소실**이 없도록 철저한 대비가 필요해요.

6. 다음 뜻과 음에 알맞게 한자를 완성하고 누락된 획은 몇 번째 쓰는 획인지 써 보세요.

❶ 醫　　총 18획 중　　번째
　　의원 의

❷ 庭　　총 10획 중　　번째
　　뜰 정

❸ 飮　　총 13획 중　　번째
　　마실 음

❹ 藥　　총 19획 중　　번째
　　약 약

7. 다음 이야기를 읽고, 속담과 고사성어를 천천히 따라 써 보세요.

빈대를 잡으려다가 제 잘못으로 집에 불이 나 전부 타버린다면 얼마나 속상할까요? '빈대 잡으려다 초가삼간 태운다'라는 속담은 자신에게 거슬리거나 못마땅한 것을 없애려고 하다 가 그 방법이 지나쳐 오히려 일을 더 망치게 되고 전체를 잃게 되는 어리석음을 비유한 말이 에요. 조그만 일에 힘쓰다가 정작 큰 일을 그르치게 되거나 자신에게 큰 피해가 있을 걸 알 면서도 계속 어리석은 행동을 할 때 쓰는 속담이지요.

비슷한 뜻의 고사성어로는 '작은 것을 욕심 내다가 훨씬 큰 다른 것을 잃어버린다'라는 뜻의 '소탐대실(小貪大失)' 이라는 말이 있어요.

🖊 속담 쓰기

빈	대		잡	으	려	다		초	가
삼	간		태	운	다				

🖊 고사성어 쓰기

小	貪	大	失
작을 **소**	탐할 **탐**	큰 대	잃을 **실**

나는야 놀이왕!

허허 벌판

배고픈 공룡이 드넓은 벌판을 가로질러 먹이가 있는 풀숲에 갈 수 있도록 도와주세요! 이곳을 지나려면 세 개의 한자어를 한자와 뜻, 음 순서대로 밟고 지나가야 해요.

힌트 藥物(약물) → 失神(실신) → 作定(작정)

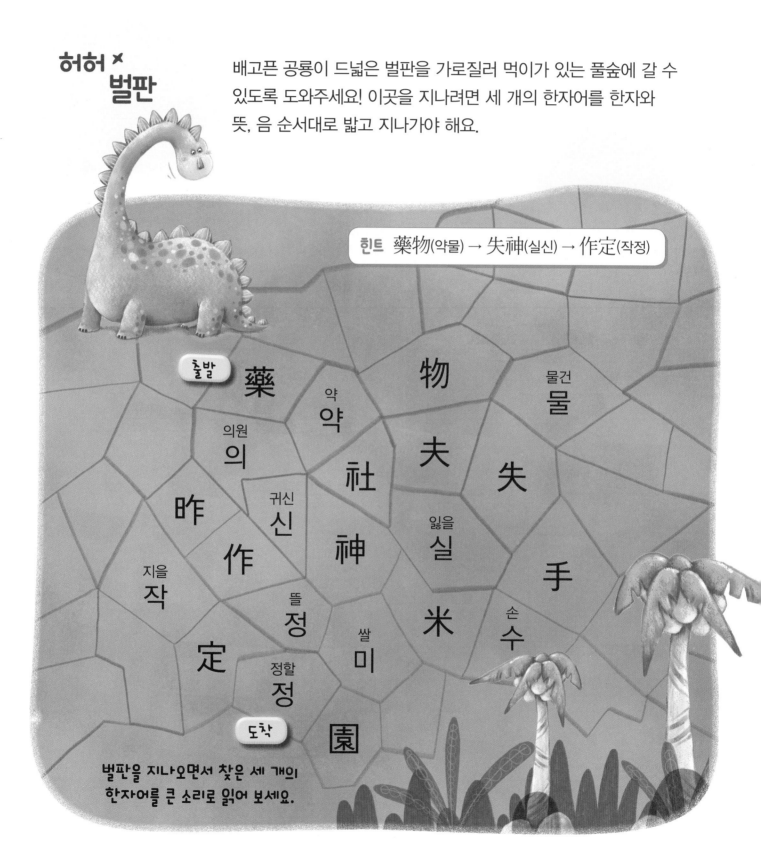

벌판을 지나오면서 찾은 세 개의 한자어를 큰 소리로 읽어 보세요.

알쏭달쏭 한자어 찾기

네 개의 한자가 있어요. 각 한자가 쓰인 한자어를 찾아 동그라미표 하세요. 그리고 큰 소리로 읽으면서 써 보세요.

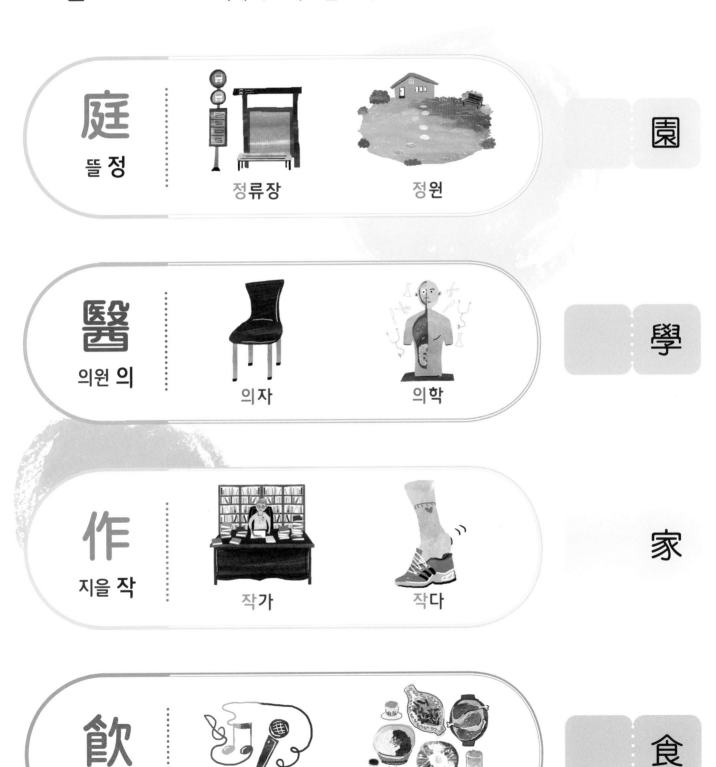

庭 뜰 정 ┈ 정류장 / 정원 ┈ 園

醫 의원 의 ┈ 의자 / 의학 ┈ 學

作 지을 작 ┈ 작가 / 작다 ┈ 家

飮 마실 음 ┈ 음악 / 음식 ┈ 食

3주차

特 자와 急 자를 배워요.

우리나라 1호 **特急**열차인 새마을호는 2004년 고속열차 KTX의 등장으로 **特急**열차의 자리를 내주고 말았어요.

사진을 보고 '특별하다'와 '빠르다'를 나타내는 한자를 쓰는 순서에 맞게 따라 써 보세요.

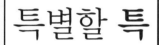

특별할 특

급할 급

急

특별할 특

特

'특별하다', '뛰어나다', '다르다'라는 뜻이고,
'특'이라고 읽어요.
'특징', '특급', '특출', '특색' 할 때 쓰는 한자
예요.

예전 관청(寺)에서 큰 제사를 지낼 때 힘세고 건강한 소(牛)만이
제단에 바칠 수 있었던 데서 '특별하다'의 뜻을 나타내게 되었어요.

特 特 特 特 特 特 特 特 特 特

부수 牛　총획 10획

特

급할 급

急

'급하다', '빠르다'라는 뜻이고, '급'이라고 읽어요.
'응급', '급행', '다급' 할 때 쓰는 한자예요.

미칠 급(及)과 마음 심(心)이 합쳐진 글자로, 남을 쫓아 뒤따라가려니 급한 마음으로 서두르게 된다고 해서 '급하다'의 뜻을 나타내게 되었어요.

急 急 急 急 急 急 急 急 急

부수 心 총획 9획

高 자와 速 자를 배워요.

고속열차 KTX를 이용해 기차역 간 물품을 배송해 주는 특송 서비스로, 부산 여행지에서 먹었던 빵을 반나절 만에 서울에서 먹을 수 있어요.

사진을 보고 '높다'와 '빠르다'를 나타내는 한자를 쓰는 순서에 맞게 따라 써 보세요.

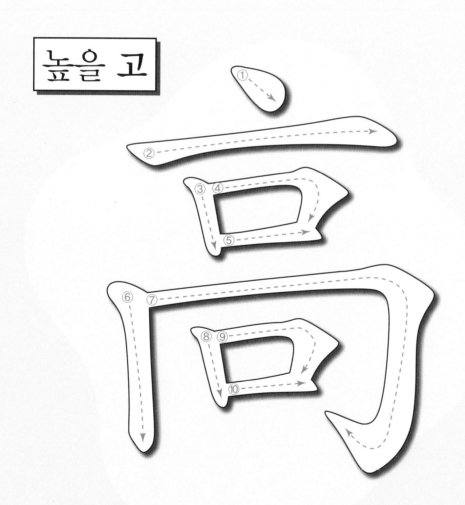

높을 고

KTX
한국고속철도

빠를 속

速

高

높을 고

'**높다**', '**크다**', '**뛰어나다**'라는 뜻이고,
'고'라고 읽어요.
'최고', '고수', '고성', '고급' 할 때 쓰는
한자예요.

층층이 높게 지어진 누각을 본뜬 것에서 '높다'의 뜻을
나타내게 되었어요.

高 高 高 高 高 高 高 高 高 高

부수 高 　총획 10획

빠를 속

'빠르다'라는 뜻이고, '속'이라고 읽어요. '속도', '신속', '고속', '풍속' 할 때 쓰는 한자예요.

흩어져 있는 것을 모아 묶어서(束) 옮겨야 시간이 단축되듯,
길을 나서기 전 채비를 단단히 갖추고 걸어야(辶) 속히 도래한다고
해서 '빠르다'의 뜻을 나타내게 되었어요.

速 速 速 速 速 速 速 速 速 速 速 | 부수 辶(辵) 총획 11획

Day 13 使 자와 用 자를 배워요.

일상생활에서 지구를 지키는 방법은 의외로 많아요. 일회용품의 사용을 줄여 쓰레기를 최소화하는 작은 실천만으로도 지구가 건강해 질 수 있어요.

사진을 보고 '부리다'와 '쓰다'를 나타내는 한자를 쓰는 순서에 맞게 따라 써 보세요.

하여금/부릴 사

使

用 쓸 용

하여금/부릴 **사**

使

'부리다', '시키다', '맡기다'라는 뜻이고,
'사'라고 읽어요.
'구사', '혹사', '사명' 할 때 쓰는 한자예요.

벼슬아치(吏)가 아랫사람(人)에게 일을 시키는 모습에서
'부리다'의 뜻을 나타내게 되었어요.

使 使 使 使 使 使 使 使

부수 イ(人) 총획 8획

使　使　使　使

用

쓸 용

'**쓰다**'라는 뜻이고, '**용**'이라고 읽어요.
'사용', '용도', '유용', '활용' 할 때 쓰는
한자예요.

나무통을 본뜬 글자로, 나무통은 훌륭한 도구로 다양하게
쓰인다고 하여 '쓰다'의 뜻을 나타내게 되었어요.

用 用 用 用 用

부수 用 총획 5획

線 자와 路 자를 배워요.

Day 14

전선과 **선로**는 **선**처럼 죽 이어진 길을 따라 어떤 것이 이동하는 것을 나타내는데요.

이동하는 대상이 '전기'라면 이 길을 '전선'이라고 하고, '기차'가 오가는 길이면

'**선로**'라고 해요.

사진을 보고 '선'과 '길'을 나타내는 한자를 쓰는 순서에 맞게 따라 써 보세요.

줄 선

길 로

路

줄 선

'줄', '선'이라는 뜻이고, '선'이라고 읽어요.
'직선', '전선', '혼선' 할 때 쓰는 한자예요.

샘물(泉)이 길게 이어져 흘러가는 모습이나 실(糸)이
끊이지 않고 길게 풀려나오는 모습에서 '줄', '선'의 뜻을
나타내게 되었어요.

線 線 線 線 線 線 線 線 線 線 線 線 線 線 線 **부수** 糸 **총획** 15획

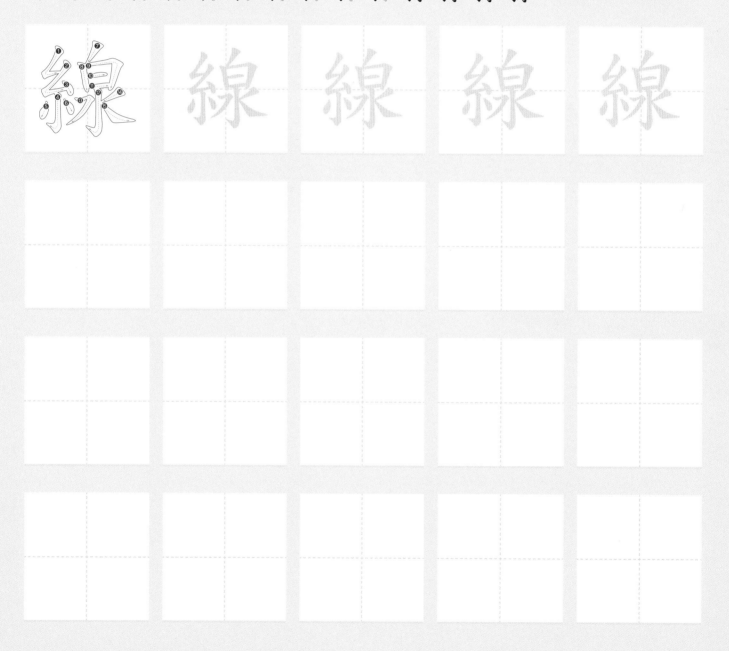

路

길 로

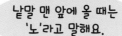
낱말 맨 앞에 올 때는
'노'라고 말해요.

'길'이라는 뜻이고, '로'라고 읽어요.
'선로', '노선', '도로', '진로' 할 때 쓰는
한자예요.

각자(各)의 사람이 발(足)로 걸어 다니는 곳이라는 데서
'길'의 뜻을 나타내게 되었어요.

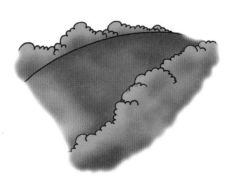

路 路 路 路 路 路 路 路 路 路 路 路 路 부수 足 총획 13획

部 자와 族 자를 배워요.

아프리카 에티오피아 남부지역 오모 밸리에는 무르시, 하메르, 반나, 부미, 아리 **부족** 등 여전히 전통을 지키며 살아가고 있는 원시 **부족** 공동체가 있어요.

사진을 보고 '떼'와 '겨레'를 나타내는 한자를 쓰는 순서에 맞게 따라 써 보세요.

떼 부

겨레 족

族

떼 부

'떼', '집단', '부분'이라는 뜻이고,
'부'라고 읽어요.
'부대', '합창부', '전부', '부류' 할 때 쓰는
한자예요.

고을(邑) 전체를 다스리기 쉽게 여러 개의 구역으로
나눈(咅) 모습에서 '떼'와 '부분'의 뜻을 나타내게 되었어요.

部 部 部 部 部 部 部 部 部 部 部   부수 阝(邑)   총획 11획

部

겨레 족

'겨레', '한 집안', '무리(공동체)'라는
뜻이고, '족'이라고 읽어요.
'민족', '가족', '부족' 할 때 쓰는 한자예요.

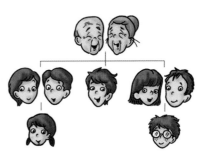

矢(화살 시)와 㫃(나부낄 언)이 합쳐진 글자로, 민족이나
종족 간에 전쟁할 때 하나의 공동체인 겨레를 상징하는 깃발을
표현한 글자예요.

族 族 族 族 族 族 族 族 族 族 族   부수 方   총획 11획

나는야 급수왕!

1. 다음 한자에 맞는 뜻과 독음(읽는 소리)을 찾아 줄을 잇고 큰 소리로 읽어 보세요.

❶ 部 · · 때 · · 고

❷ 使 · · 높을 · · 부

❸ 高 · · 하여금/부릴 · · 사

2. 다음 그림을 보고 연상되는 한자의 뜻과 독음(읽는 소리)을 써 보세요.

❶

'직**선**', '전**선**', '혼**선**' 할 때 쓰는 한자예요.

뜻　　　　　　　음

❷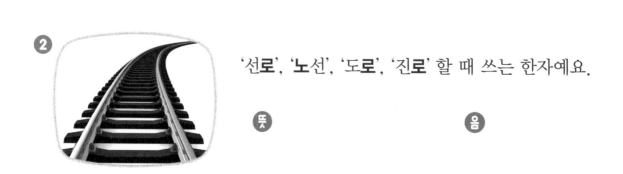

'**선**로', '**노선**', '도**로**', '진**로**' 할 때 쓰는 한자예요.

뜻　　　　　　　음

3. 다음 설명에 맞는 낱말을 한자로 바르게 쓴 것을 고르세요.

보기
㉠ 速讀　㉡ 家族　㉢ 同族　㉣ 特急　㉤ 特色

❶ 같은 **겨레**, 같은 핏줄을 이어받은 민족.

❷ 보통의 것과 다르게 **특별히** 눈에 띄는 점.

❸ 책이나 글을 **빠르게** 읽음.

4. 다음 밑줄 친 낱말의 독음(읽는 소리)을 보기에서 찾아 바르게 써 보세요.

보기
다급　　고음　　고수　　다재　　공용

❶ 이곳 화장실은 남녀 <u>公用</u>이에요.

❷ 다미는 우리 학교에서 바둑의 <u>高手</u>로 유명해요.

❸ 저를 부르는 엄마의 목소리가 몹시 <u>多急</u>했어요.

5. 다음 밑줄 친 낱말의 한자를 보기에서 찾아 바르게 써 보세요.

> **보기**
>
> 使用　　　家族　　　部族　　　線路　　　路線

❶ 모든 <u>부족</u>은 각자의 고유 문화를 가지고 있어요.

❷ 잊지 말고 <u>사용</u>한 물건은 제자리에 놓아 주세요.

❸ 시에서는 심야버스 <u>노선</u>을 확대 운행하기로 결정했어요.

6. 다음 뜻과 음에 알맞게 한자를 완성하고 누락된 획은 몇 번째 쓰는 획인지 써 보세요.

❶ 急　총 9획 중 ___ 번째
급할 급

❷ 族　총 11획 중 ___ 번째
겨레 족

❸ 特　총 10획 중 ___ 번째
특별할 특

❹ 逨　총 11획 중 ___ 번째
빠를 속

7. 다음 이야기를 읽고, 속담과 고사성어를 천천히 따라 써 보세요.

천 리나 되는 거리를 가려 해도 먼저 한 걸음부터 떼야겠지요? '천 리 길도 한 걸음부터'라는 속담은 무슨 일이나 그 일의 시작이 중요하다는 뜻이에요.

비슷한 뜻을 가진 고사성어로는 '등고자비(登高自卑)'라는 말이 있어요. '높은 곳에 오르려면 낮은 곳에서부터 오른다'라는 뜻으로, 일을 할 때는 순서대로 해야 함을 이르는 말이지요.

여러분도 결심한 것이 있다면 미루지 말고 바로 지금 시작하세요. 어느 날 뒤돌아보면 오늘 결심했던 것이 다 이루어져 있을 거예요.

✏️ 속담 쓰기

천	리		길	도		한		걸
음	부	터						

✏️ 고사성어 쓰기

登	高	自	卑
오를 **등**	높을 **고**	스스로 **자**	낮을 **비**

나는야 놀이왕!

보물섬을 찾아라! 강아지와 오리가 전설 속의 보물섬을 찾아 항해를 떠났어요. 보기에 주어진 다섯 개의 한자어를 찾아 선으로 이어 보세요. 그리고 큰 소리로 읽어 보세요.

보기 급속(急速), 광선(光線), 고음(高音), 공용(公用), 특출(特出)

알록달록 색칠하기

그림 속에 무엇이 숨어 있을까요? 각 한자가 가리키는 색으로 칠해
그림을 완성해 보세요.

族 겨레 **족**

急 급할 **급**

路 길 **로**

部 떼 **부**

使 하여금 **사**

速 빠를 **속**

線 줄 **선**

用 쓸 **용**

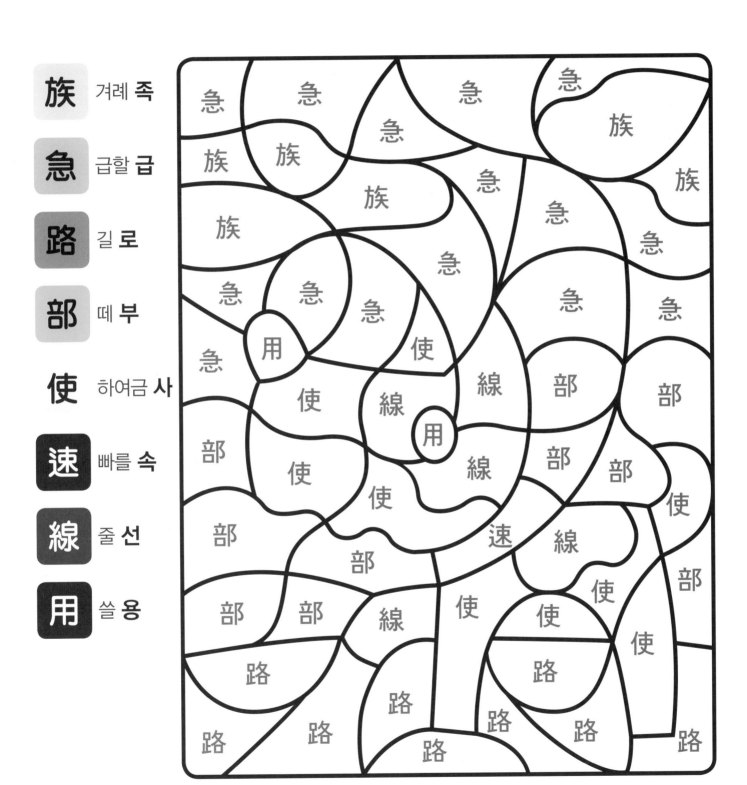

4주차

樂 자와 章 자를 배워요.

쇼팽의 피아노 소나타 제2번은 네 개의 **악장**으로 이루어져 있는데,

특이하게도 3**악장**의 '장송 행진곡'이 먼저 독립된 곡으로

완성된 이후에 다른 **악장**들이 작곡되었다고 해요.

사진을 보고 '음악'과 '곡'을 나타내는 한자를

쓰는 순서에 맞게 따라 써 보세요.

즐거울 락, 노래 악

글 장

樂

즐거울 락, 노래 악

낱말 맨 앞에 올 때는 '낙'이라고 말해요.

'즐거워하다'를 뜻할 때는 '락'이라고 읽고,
'노래'를 뜻할 때는 '악'이라고 읽어요.
'낙원', '오락', '음악', '국악' 할 때 쓰는 한자예요.

거문고와 같은 나무(木)에 실(絲)을 연결해서 만든 악기의 모양을
본뜬 것에서 만들어진 글자예요.

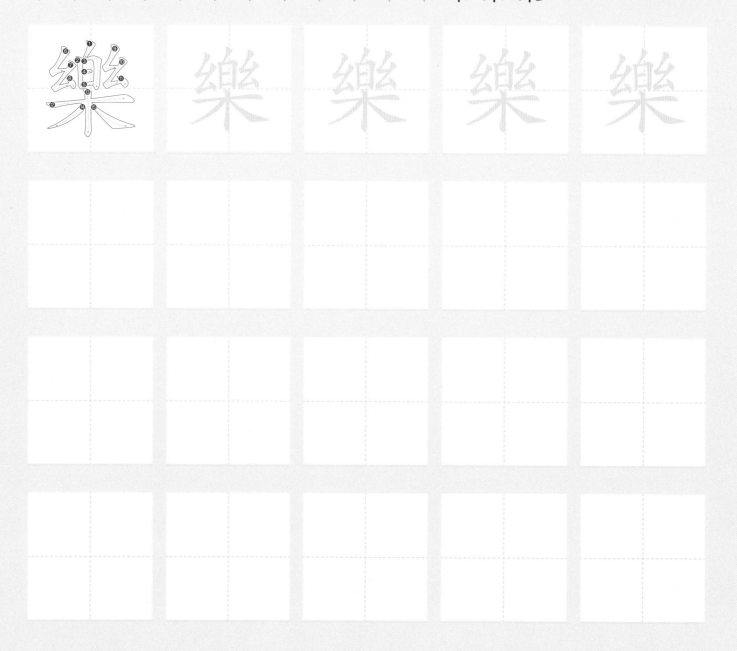

樂 樂 樂 樂 樂 樂 樂 樂 樂 樂 樂 樂 樂 樂 樂   부수 木   총획 15획

글 장

'글', '악곡이나 글을 구분하는 단위'라는
뜻이고, '장'이라고 읽어요.
'문장', '도장', '악장' 할 때 쓰는 한자예요.

본래 음악(音)을 구절로 끊어 묶은(十) 단락을 표현하던 것에서,
형체가 없는 소리(音)를 묶어(十) 종이에 옮겨 놓은 것이라 해서
'글'의 뜻도 나타내게 되었어요.

章 章 章 章 章 章 章 章 章 章 章　　부수 立　총획 11획

開 자와 放 자를 배워요.

우리 학교는 주말이나 공휴일에도 학교 운동장을 개방해 놓아
지역주민 누구나 편하게 이용할 수 있어요.
대신에 운동장을 이용할 때는 개방 시간과
이용 수칙을 잘 지켜야 해요.
사진을 보고 '열다'와 '놓다'를 나타내는
한자를 쓰는 순서에 맞게 따라 써 보세요.

열 개

놓을 방

開

열 개

'열다', '피다', '알리다', '시작하다'라는 뜻이고,
'개'라고 읽어요.
'개방', '개화', '공개', '개학' 할 때 쓰는
한자예요.

두 짝의 문을 가로질러 놓은 빗장을 푸는 모습에서 '열다'의
뜻을 나타내게 되었어요.

開 開 開 開 開 開 開 開 開 開 開 開   부수 門 총획 12획

開

놓을 방

'놓다', '내놓다', '내쫓다'라는 뜻이고,
'방'이라고 읽어요.
'방심', '방생', '방치', '추방' 할 때 쓰는
한자예요.

몽둥이로 쳐서 멀리 내쫓아 놓는다는 데서 '놓다'의
뜻을 나타내게 되었어요.

放 放 放 放 放 放 放 放

부수 攵(攴)　　총획 8획

勇 자와 者 자를 배워요.

'귀신아, 물러가라! 나는 겁 없는 용자다!'하고 속으로 외치며 인적 하나 없는
어두운 골목길을 내달렸어요. 용자는 귀신 따위를 두려워하지 않은 법이니까요.
사진을 보고 '용감하다'와 '사람'을 나타내는 한자를 쓰는 순서에 맞게 따라 써 보세요.

날랠 용

者

놈 자

날랠 용

勇

'날래다(빠르다)', '용감하다'라는 뜻이고,
'용'이라고 읽어요.
'용맹', '용기', '용명', '용자' 할 때 쓰는 한자예요.

물이 솟아오르듯(甬) 힘(力)이 돋는다 해서 '용감하다',
'날래다'의 뜻을 나타내게 되었어요.

勇 勇 勇 勇 勇 勇 勇 勇 勇

부수 力 총획 9획

놈 자

'놈', '~한 사람', '~한 것'이라는 뜻이고,
'자'라고 읽어요.
'기자', '독자', '학자', '후자' 할 때 쓰는
한자예요.

나이가 많은 어른(老)이 아랫사람에게 낮춰 말하는(曰) 데서
'놈', '사람'의 뜻을 나타내게 되었어요.

者 者 者 者 者 者 者 者 者

부수 耂(老) 총획 9획

强 자와 弱 자를 배워요.

강할 강

누가 봐도 **약한** 쪽이 **강한** 쪽을 이길 수 없을 것 같은 상황일 때 흔히
'다윗과 골리앗의 싸움'이라고 하지요. 약자였던 다윗은 힘이 아닌 기술을 이용해
강한 골리앗에 맞서 싸워 이겼답니다.

사진을 보고 '**강하다**'와 '**약하다**'를 나타내는 한자를 쓰는
순서에 맞게 따라 써 보세요.

약할 약

강할 강

强

'강하다', '강제로'라는 뜻이고, '강'이라고
읽어요.
'강풍', '강타', '강조', '강행' 할 때 쓰는
한자예요.

※ 强의 속자로 둘은
같은 한자예요.

강한 생명력을 가진 쌀벌레(虫)의 모습에서 '강하다'의 뜻을
나타내게 되었어요.

强强强强强强强强强强强强 부수 弓 총획 12획

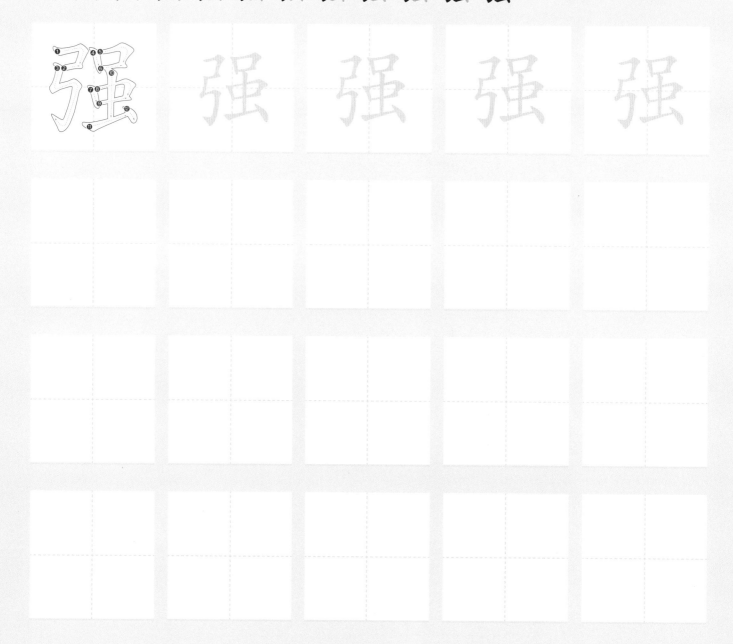

약할 약

'약하다', '불리하다'라는 뜻이고, '약'이라고 읽어요.

'노약', '심약', '병약', '약점' 할 때 쓰는 한자예요.

어린 새의 두 날개를 나란히 펼친 모양을 본뜬 글자로, 새끼는 힘이 없다 해서 '약하다'의 뜻을 나타내게 되었어요.

弱 弱 弱 弱 弱 弱 弱 弱 弱 弱   부수 弓   총획 10획

古 자와 新 자를 배워요.

북촌 한옥 마을은 **오래전**에 지어진 기와집 너머로
새롭게 지어진 현대적 건물이 조화롭게 어우러져
시간이 공존하는 거리예요.
사진을 보고 '오래되다'와 '새로운'을
나타내는 한자를 쓰는 순서에 맞게
따라 써 보세요.

옛 고

새 신

古 옛 고

'옛날', '오래되다'라는 뜻이고, '고'라고
읽어요.
'고금', '고대', '고적', '고서' 할 때 쓰는
한자예요.

十(열 십)과 口(입 구)가 합쳐진 글자로, 많은 사람의 입을 거쳐
전해진 일은 오래전에 있었던 일이니 '옛날'의 뜻을 나타낸 것이지요.

古 古 古 古 古

부수 口 　 총획 5획

새 신

'새(새로)', '새로운'이라는 뜻이고, '신'이라고 읽어요.
'신년', '신문', '신입', '최신' 할 때 쓰는 한자예요.

도끼(斤)로 나무(木)를 자르고 다듬어 새로운 물건을 만들었던 것에서 '새로'의 뜻을 나타내게 되었어요.

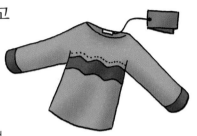

新 新 新 新 新 新 新 新 新 新 新 新 新 부수 斤 총획 13획

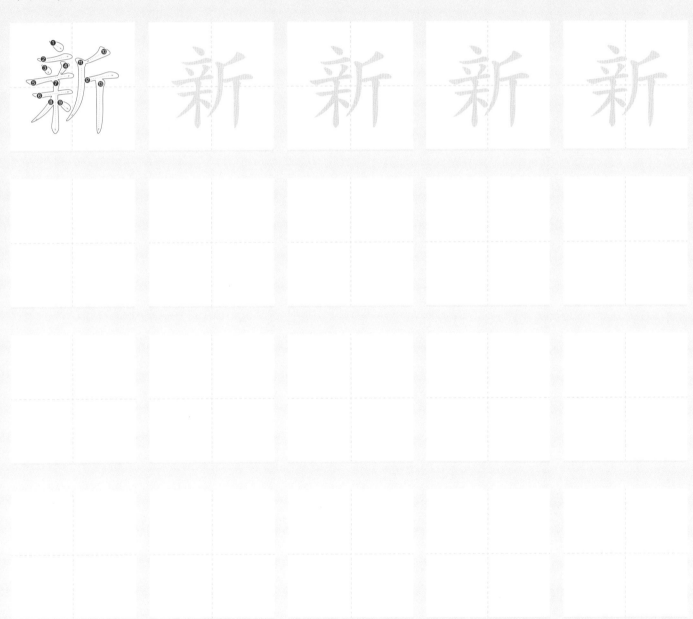

1. 다음 한자에 맞는 뜻과 독음(읽는 소리)을 찾아 줄을 잇고 큰 소리로 읽어 보세요.

❶ 古	•	•	강할	•	•	고
❷ 者	•	•	놈	•	•	자
❸ 强	•	•	옛	•	•	강

2. 다음 그림을 보고 연상되는 한자의 뜻과 독음(읽는 소리)을 써 보세요.

❶

'문**장**', '도**장**', '악**장**' 할 때 쓰는 한자예요.

뜻   음

❷

'**개**방', '**개**화', '공**개**', '**개**학' 할 때 쓰는 한자예요.

뜻   음

3. 다음 설명에 맞는 낱말을 한자로 바르게 쓴 것을 고르세요.

> **보기**
>
> ㄱ 音樂　　ㄴ 安樂　　ㄷ 勇氣　　ㄹ 開發　　ㅁ 國樂

❶ 근심, 걱정이 없이 편안하고 **즐거움**.

❷ 우리나라 고유의 전통 **음악**.

❸ 씩씩하고 힘찬 기운, 사물을 무서워하지 않는 **용감함**.

4. 다음 밑줄 친 낱말의 독음(읽는 소리)을 보기에서 찾아 바르게 써 보세요.

> **보기**
>
> 강력　　　약자　　　강자　　　신문　　　방심

❶ 아빠의 권유로 종이 <u>新聞</u>을 구독하기 시작했어요.

❷ 잠깐의 <u>放心</u>으로 큰 사고가 날 수 있으니 조심하세요.

❸ 그는 강자에게 약하고 <u>弱者</u>에게 강한 비겁한 사람이에요.

5. 다음 밑줄 친 낱말의 한자를 보기에서 찾아 바르게 써 보세요.

보기

| 開放 | 古書 | 古代 | 弱强 | 强弱 |

❶ 악기를 연주할 때는 <u>강약</u> 조절을 잘 해야 해요.

❷ 시험기간에는 도서관을 24시간 <u>개방</u>하는 곳들도 있어요.

❸ 이 석상은 <u>고대</u>에 만들어진 것으로 추정되고 있어요.

6. 다음 뜻과 음에 알맞게 한자를 완성하고 누락된 획은 몇 번째 쓰는 획인지 써 보세요.

❶ 樂 총 15획 중 ____ 번째
즐거울 **락**, 노래 **악**

❷ 勇 총 9획 중 ____ 번째
날랠 **용**

❸ 弱 총 10획 중 ____ 번째
약할 **약**

❹ 新 총 13획 중 ____ 번째
새 **신**

7. 다음 이야기를 읽고, 속담과 고사성어를 천천히 따라 써 보세요.

누군가에게 빌린 돈을 단 한마디의 말로 모두 갚을 수 있다면, 과연 무슨 말을 어떻게 해야 가능할까요? '말 한마디에 천 냥 빚도 갚는다'라는 속담은 말만 잘하면 어려운 일이나 불가능해 보이는 일도 잘 해결할 수 있다는 뜻으로 쓰이는 말이에요. 여기서 말을 잘한다는 것은 말솜씨가 좋다는 뜻도 있지만 진심으로 말을 하는 것을 뜻해요. 반대로 말 한마디로 천 냥 빚을 질 수도 있으니, 항상 고운 말을 써야겠지요?

비슷한 뜻의 고사성어로는 '글자 하나의 값이 천금의 가치가 있다'는 뜻의 '일자천금(一字千金)'이라는 말이 있어요.

🖊 속담 쓰기

말		한	마	디	에		천		냥
빚	도		갚	는	다				

🖊 고사성어 쓰기

一	字	千	金
한 **일**	글자 **자**	일천 **천**	쇠 금

나는야 놀이왕!

바나나를 찾아라

원숭이가 가장 좋아하는 바나나를 찾으려면 어느 길로 가야 할까요? 갈림길에 있는 한자어의 바른 독음을 따라 길을 찾아보세요.

행복한 5월

우리 친구들이 제일 좋아하는 '어린이날'이 있는 5월이에요. 기념일마다 적힌 한자어를 한자로 써보고, 한자어의 뜻을 생각하며 큰 소리로 읽어 보세요.

5月

日	月	火	水	木	金	土
		1	2	3	4	독자
6	7	강약	⑨	10	11	12
13	14	고대	♥	17	18	19
🎂	21	22	23	24	25	⭐26
27	28	29	방심	31		

 讀____ 책을 읽는 사람.

 強 강하고 약함 또는 강하고 약한 정도.

 代 원시 시대와 중세 사이의 아주 옛 시대.

 心 긴장하거나 조심하지 않고 마음을 놓음.

5주차

清 자와 黃 자를 배워요.

날씨와 공기 상태에 따라 하늘은 **맑음** 푸른빛이었다가 잔뜩 흐린 잿빛이 되기도 해요. 황사로 온통 **누런**빛을 띠기도 하지요.

사진을 보고 '맑다'와 '누렇다'를 나타내는 한자를 쓰는 순서에 맞게 따라 써 보세요.

맑을 청

누를 황

맑을 청

'맑다', '깨끗하다'라는 뜻이고, '청'이라고 읽어요.
'청명하다', '청정', '청소' 할 때 쓰는 한자예요.

물(水)이 푸른(靑)빛이 돌 정도로 깨끗한 모습에서 '맑다'의 뜻을 나타내게 되었어요.

 清清清清清清清清清清清 부수 氵(水) 총획 11획

누를 황

'누렇다', '누런빛', '황금'이라는 뜻이고,
'황'이라고 읽어요.
'황토', '황사', '황색', '황금'할 때 쓰는
한자예요.

황제가 허리에 차는 장신구의 색깔이 누런 황금빛인 데서
만들어진 글자예요.

黃黃黃黃黃黃黃黃黃黃黃黃　부수 黃　총획 12획

Day 22 衣 자와 業 자를 배워요.

옷은 원래 몸을 가리고 보호하는 단순한 기능을 하지만,
입고 있는 옷만으로 직업을 알 수 있기도 해요.
사진을 보고 '옷'과 '직업'을 나타내는 한자를
쓰는 순서에 맞게 따라 써 보세요.

옷 의

업 업

業

옷 의

'옷', '**입다**'라는 뜻이고, '의'라고 읽어요.
'의식주', '상의', '하의', '의복' 할 때 쓰는
한자예요.

저고리나 두루마기의 옷깃을 여민 모양을 본뜬 것에서
'옷'의 뜻을 나타내게 되었어요.

衣 衣 衣 衣 衣 衣

부수 衣   총획 6획

업 업

業

'**일**', '**직업**'이라는 뜻이고, '업'이라고 읽어요.
'생업', '휴업', '사업', '학업' 할 때 쓰는
한자예요.

종이나 석경을 나무 틀에 걸어 사용하는 악기를 본뜬 글자로,
악기를 들고 다니며 생업을 이어가던 모습에서 '일'의 뜻을
나타내게 되었어요.

業 業 業 業 業 業 業 業 業 業 業 業 業　부수 木　총획 13획

業　業　業　業　業

Day 23 社 자와 在 자를 배워요.

요즘 엄마는 집보다 **회사**에 **있는** 시간이 더 많아요.

회사에 처리해야 할 업무가 많아 늦은 밤까지 사무실에 **있는** 날이 잦아졌거든요.

사진을 보고 '회사'와 '있다'를 나타내는

한자를 쓰는 순서에 맞게

따라 써 보세요.

모일 사

있을 재

社 모일 사

'모이다', '회사'라는 뜻이고, '사'라고 읽어요.
'사교', '회사', '사내', '사장' 할 때 쓰는
한자예요.

토지(土)의 신에게 제사(示)를 지내려 많은 사람이
모여있는 모습에서 '모이다'의 뜻을 나타내게 되었어요.

社 社 社 社 社 社 社 社   부수 示   총획 8획

社 社 社 社 社

있을 재

'있다'라는 뜻이고, '재'라고 읽어요.
'재학', '현재', '부재' 할 때 쓰는 한자예요.

흙(土) 위로 새로이 새싹이 돋아나 그 자리에 있는 모습에서
'있다'의 뜻을 나타내게 되었어요.

在 在 在 在 在 在

在　在　在　在　在

待 자와 第 자를 배워요.

지하철을 **기다리는** 사람들은 내리는 사람들을 위해
출입문 가운데를 비워두고 양쪽으로
줄을 서서 **차례**를 지켜야 해요.

사진을 보고 '기다리다'와 '차례'를 나타내는
한자를 쓰는 순서에 맞게 따라 써 보세요.

기다릴 대

차례 제

第

기다릴 대

'기다리다', '대하다'라는 뜻이고, '대'라고 읽어요.
'기대', '대기', '대우', '대접' 할 때 쓰는 한자예요.

관청(寺)에 가는(彳) 모습을 표현한 글자로, 행정을 담당하던 관청의
업무 처리 속도가 더뎌 차례를 기다려야 했던 데서 '기다리다'의
뜻을 나타내게 되었어요.

待 待 待 待 待 待 待 待 待

부수 彳   총획 9획

차례 제

'차례', '순서'라는 뜻이고, '제'라고 읽어요.
'제일', '제삼', '제차' 할 때 쓰는 한자예요.

종이가 없던 옛날에 대나무(竹) 조각을 줄로 묶어
그 위에 글을 써서 순서대로 엮은 책(죽간)의
모습에서 '차례'의 뜻을 나타내게 되었어요.

第 第 第 第 第 第 第 第 第 第 第   부수 竹   총획 11획

苦 자와 利 자를 배워요.

우리 속담에 '입에 苦 약이 병에는 **이롭다**'라는 말이 있어요.
다른 사람의 비판이나 충고가 듣기에는 다소 불쾌하고
싫을지 모르지만 실제로는 내게 도움이 되는 경우가 더 많다는
뜻으로 쓰이는 속담이에요.

사진을 보고 '쓰다'와 '이롭다'를 나타내는 한자를 쓰는
순서에 맞게 따라 써 보세요.

쓸 고

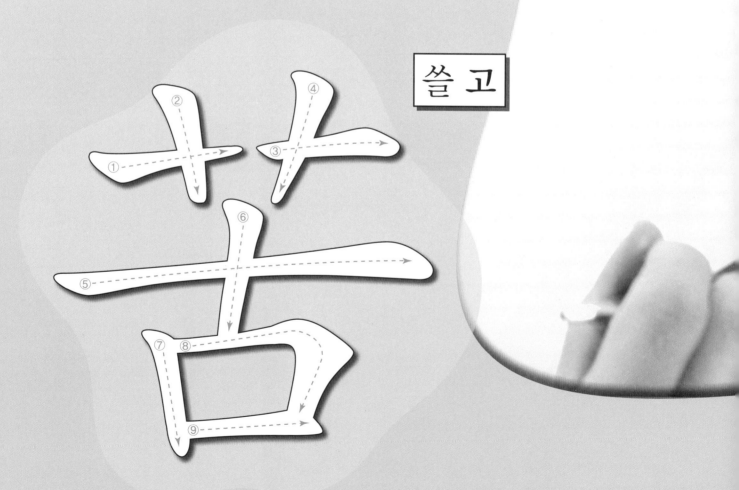

이로울 리

쓸 고

'쓰다', '괴롭다'라는 뜻이고, '고'라고 읽어요.
'고생', '고민', '고심', '고난' 할 때 쓰는
한자예요.

씀바귀 같은 풀(艸)을 먹으면(口) 매우 '쓴' 맛이 나고 '괴롭다'고
해서 만들어진 글자예요.

苦苦苦苦苦苦苦苦苦   부수 ⁺⁺(艸)   총획 9획

利

이로울 리

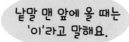
낱말 맨 앞에 올 때는 '이'라고 말해요.

'**이롭다**', '**유익하다**', '**이익**'이라는 뜻이고, '**리**'라고 읽어요.
'**이용**', '**편리**', '**유리**', '**이득**' 할 때 쓰는 한자예요.

벼(禾)를 칼(刀)로 베어 수확하는 것은 농부에게 이익을 가져다 주는 일이라 해서 '이롭다'의 뜻을 나타내게 되었어요.

利 利 利 利 利 利 利　　　부수 刂(刀)　총획 7획

나는야 급수왕!

1. 다음 한자에 맞는 뜻과 독음(읽는 소리)을 찾아 줄을 잇고 큰 소리로 읽어 보세요.

❶ 在 ・　　　・ 있을 ・　　　・ 제

❷ 利 ・　　　・ 차례 ・　　　・ 리

❸ 第 ・　　　・ 이로울 ・　　　・ 재

2. 다음 그림을 보고 연상되는 한자의 뜻과 독음(읽는 소리)을 써 보세요.

❶

'기대', '대기', '대우', '대접' 할 때 쓰는 한자예요.

뜻　　　　　　　음

❷

'청명하다', '청정', '청소' 할 때 쓰는 한자예요.

뜻　　　　　　　음

3. 다음 설명에 맞는 낱말을 한자로 바르게 쓴 것을 고르세요.

보기

　　ㄱ 有利　　ㄴ 苦心　　ㄷ 苦生　　ㄹ 社長　　ㅁ 便利

❶ **회사**를 이끌어가는 사람, **회사**의 책임자.

❷ 편하고 **이로우며** 이용하기 쉬움.

❸ **괴롭거나** 어렵고 힘든 일을 겪음.

4. 다음 밑줄 친 낱말의 독음(읽는 소리)을 보기에서 찾아 바르게 써 보세요.

보기

　　황금　　　　의식주　　　　황색　　　　제삼자　　　　부재중

❶ <u>第三者</u>는 우리 일에 상관하지 말아주세요.

❷ <u>黃色</u>은 황제를 상징하는 색으로 많이 쓰여요.

❸ <u>衣食住</u>는 사람이 생활하는 데 필요한 세 가지
　기본요소예요.

5. 다음 밑줄 친 낱말의 한자를 보기에서 찾아 바르게 써 보세요.

보기

現代　　　生業　　　清明　　　現在　　　作業

❶ 컴퓨터 **작업**을 하다가 실수로 파일을 삭제해 버렸어요.

❷ 오늘따라 유난히 하늘 색이 푸르고 **청명**해요.

❸ 지금 이 순간인 **현재**는 순식간에 과거가 되어버려요.

6. 다음 뜻과 음에 알맞게 한자를 완성하고 누락된 획은 몇 번째 쓰는 획인지 써 보세요.

❶ 業

업 **업**

총 13획 중

_____ 번째

❷ 苦

쓸 **고**

총 9획 중

_____ 번째

❸ 黃

누를 **황**

총 12획 중

_____ 번째

❹ 社

모일 **사**

총 8획 중

_____ 번째

7. 다음 이야기를 읽고, 속담과 고사성어를 천천히 따라 써 보세요.

　대부분 사람은 쓰디쓴 약보다는 단 사탕 먹기를 좋아해요. '달면 삼키고 쓰면 뱉는다'라는 속담은 옳고 그름은 생각하지 않고, 자기 이익이나 마음에 맞으면 가까이하고 싫으면 멀리하는 행동을 비유하는 말이에요. 그렇지만 사람들이 살아갈 때는 정의와 신뢰에 따라 행동해야 하지요. 이 속담처럼 '달면 삼키고 쓰면 뱉지' 말고 항상 옳고 그름에 따라, 믿음과 의리에 따라 행동할 때 좋은 결과가 있을 거예요.

　같은 뜻을 고사성어로 표현할 때는 '감탄고토(甘呑苦吐)'라고 말해요.

으악, 너무 쓰잖아!

🖍️ 속담 쓰기

달	면		삼	키	고		쓰	면
뱉	는	다						

🖍️ 고사성어 쓰기

甘	呑	苦	吐
달 **감**	삼킬 **탄**	쓸 **고**	토할 **토**

나는야 놀이왕!

바닷속 생물 탐험

바닷속에는 신기한 생물들이 많아요. 가로줄과 세로줄, 굵은 선으로 구분된 네 칸 안에 어종이 겹치지 않게 한자와 뜻, 음이 있어야 해요.

社 대 누를

제

기다릴

黃

차례

第

待

모일

사

황

알쏭달쏭 선 잇기

다양한 직업과 그와 관련된 그림을 찾아볼까요? 각 낱말에 쓰인 한자를 찾아 선으로 이어 보세요. 그리고 큰 소리로 읽어 보세요.

작업

청명

편리

재학

고심

쓸 고
苦

있을 재
在

이로울 리
利

업 업
業

맑을 청
清

苦心

作業

清明

便利

在學

한자 파워가 업그레이드 되는

슈퍼 부록

- 슈퍼 그림한자50 모아보기
  (한자능력검정시험 6급Ⅱ 25자, 6급 25자)
- 한자능력검정시험 대비 6급 문제지
- 정답

슈퍼 그림한자50 모아보기

본 책에 실린 한자 50자(한자능력검정시험 6급Ⅱ에 속하는 급수 한자 75자 중 25자와 6급에 속하는 급수 한자 75자 중 25자)를 모두 모아, 찾아보기 쉽도록 가나다 순으로 정리했어요.

6級	90문항	50분 시험	시험일자: 20 . . .

성명 _____ 수험번호 ☐☐☐☐-☐☐-☐☐☐☐

*성명과 수험번호를 쓰고 문제지와 답안지는 함께 제출하세요.

[問 1~33] 다음 밑줄 친 漢字語의 讀音을 쓰세요.

보기
漢字 ➡ 한자

[1] 대중교통에는 **老弱者**를 위한 자리가 따로 마련되어 있습니다.

[2] **衣食住**는 인간이 생활하는 데 필요한 세 가지 기본 요소입니다.

[3] 그는 아침마다 **新聞**을 읽는 것으로 하루를 시작합니다.

[4] 항상 **家庭**에 행복이 가득하기를 바랍니다.

[5] 화재로 국보급 문화재가 **消失**되었습니다.

[6] 주말이면 가족 **農園**을 찾는 사람들이 늘어나고 있습니다.

[7] 한강은 태백산 검룡소에서 시작하여 **黃海**로 흘러 들어갑니다.

[8] **多讀**하는 것도 중요하지만, 한 자 한 자 정독하는 자세도 중요합니다.

[9] 오늘은 **公開** 수업이 있는 날입니다.

[10] **苦生** 끝에 낙이 온다는 말이 있습니다.

[11] **使用**한 물건은 항상 제자리에 갖다 놓으세요.

[12] **特急**은 '특별 급행'을 줄인 말로 급행보다 더 빠른 것을 말합니다.

[13] 세 개의 점을 **直線**으로 이어보세요.

[14] **現在** 그녀는 국내에 없습니다.

[15] 우리 집은 **白米**에 잡곡을 섞어서 밥을 짓습니다.

[16] **美術** 준비물을 미리 챙겨두었습니다.

[17] 그 시나리오는 전면 개정 **作業**에 들어갔습니다.

[18] 라디오에서 신나는 **音樂**이 흘러나옵니다.

[19] 홍수로 마을 **全部**가 물에 잠기고 말았습니다.

[20] 우리 학교는 **英才** 교육반이 따로 있습니다.

[21] 이번 경기의 **勝者**가 결승전에 올라갑니다.

[22] 그 야구 선수는 **球速**이 빠른 최고의 투수입니다.

[23] 한눈에 보기 쉽게 전체 자료를 **圖表**로 정리해 두었습니다.

[24] 국어와 영어 **科目**을 특히 잘하고 좋아합니다.

[25] 그녀는 아무런 **理由**도 묻지 않고 묵묵히 지켜봐 주었습니다.

[26] 오늘은 **家族**사진을 찍기로 한 날입니다.

[27] 우리 중에는 형우가 **第一** 키가 큽니다.

[28] 끝까지 **放心**해서는 안 됩니다.

[29] 영양소 섭취를 **醫藥**에만 의존하면 오히려 건강을 해칠 수도 있습니다.

〈계속〉

[30] 이곳은 아무런 **特色**이 없는 매우 평범한 카페였습니다.

[31] 현대 **社會**는 급속히 변화하고 있습니다.

[32] 이번 특별전에는 희귀한 **古書**들이 많이 전시되었습니다.

[33] 작가는 한 줄의 **文章**을 완성하기 위해 몇 시간째 씨름 중입니다.

[問 34-55] 다음 漢字의 訓과 音을 쓰세요.

字 ➡ 글자 자

[34] **飮**

[35] **定**

[36] **高**

[37] **路**

[38] **勇**

[39] **强**

[40] **淸**

[41] **待**

[42] **利**

[43] **才**

[44] **社**

[45] **由**

[46] **藥**

[47] **米**

[48] **作**

[49] **讀**

[50] **醫**

[51] **特**

[52] **業**

[53] **急**

[54] **使**

[55] **理**

[問 56-75] 다음 밑줄 친 漢字語를 漢字로 쓰세요.

한자 ➡ 漢字

[56] 그는 체격이 좋아서 운동하기에 **유리**한 조건을 갖추고 있습니다.

[57] 신석기 **시대**의 유물이 발견되었습니다.

[58] 저는 요즘 그리스 로마 **신화**에 푹 빠져있습니다.

[59] 잠들기 직전에 **음식**을 먹는 습관은 몸에 좋지 않습니다.

[60] 시험기간에는 독서실을 24시간 **개방**하고 있습니다.

[61] 그는 동네에서 **소문**난 장난꾸러기입니다.

[62] 우리는 민족중흥의 역사적 **사명**을 띠고 이 땅에 태어났다(국민교육헌장 中).

〈계속〉

[63] 비가 그친 하늘은 **청명**하기 이를 데 없었습니다.

[64] 이것은 **시작**에 불과합니다.

[65] 휴일이면 고궁이나 **공원**은 많은 사람으로 복작거립니다.

[66] **영어**는 세계적으로 통용되는 국제어입니다.

[67] **실수**로 아끼던 컵을 깨뜨리고 말았습니다.

[68] 분리수거된 폐기물의 재**활용**률은 지극히 저조한 편입니다.

[69] 빨리 여름 **방학**이 왔으면 좋겠습니다.

[70] 그는 공부도 잘하고 악기도 잘 다루고, 정말 **다재**다능한 사람입니다.

[71] 내 동생은 어려서부터 **신동**이란 말을 자주 들었습니다.

[72] 모든 **부족**은 각자의 고유문화를 가지고 있기 마련입니다.

[73] 이 제품은 **강약** 온도 조절도 가능합니다.

[74] 앞으로 시에서는 심야버스 **노선**을 확대 운행하기로 했습니다.

[75] 그녀는 탁월한 **의술**과 어진 마음을 겸비한 의사였습니다.

[問 76-78] 다음 漢字의 반대(또는 상대)되는 漢字를 골라 그 번호를 쓰세요.

[76] 苦: ① 黃　② 樂　③ 失　④ 淸

[77] 新: ① 今　② 在　③ 英　④ 古

[78] 弱: ① 特　② 多　③ 高　④ 强

[問 79-80] 다음 漢字와 뜻이 같거나 비슷한 漢字를 골라 그 번호를 쓰세요.

[79] 速: ① 始　② 光　③ 急　④ 發

[80] 社: ① 堂　② 會　③ 各　④ 放

[問 81-83] 다음 ( ) 안에 들어갈 알맞은 漢字를 〈보기〉에서 찾아 그 번호를 쓰세요.

보기

① 活　② 靑　③ 淸　④ 死
⑤ 金　⑥ 使　⑦ 今　⑧ 全

[81] ( )風明月: 맑은 바람과 밝은 달.

[82] 生( )苦樂: 삶과 죽음, 괴로움과 즐거움을 모두 이르는 말.

[83] 東西古( ): 옛날과 지금이라는 뜻으로, 현재까지의 모든 시대와 모든 지역을 통틀어 이르는 말.

[問 84-85] 다음 중 소리(音)는 같으나 뜻(訓)이 다른 漢字를 골라 그 번호를 쓰세요.

[84] 各: ① 別　② 强　③ 角　④ 界

[85] 待: ① 同　② 對　③ 等　④ 圖

〈계속〉

[問 86-87] 다음 漢字語의 뜻을 풀이하시오.

[86] 勇氣

[87] 開放

[問 88-90] 다음 漢字에서 짙게 표시한 획은 몇 번째 쓰는 획인지 〈보기〉에서 찾아 그 번호를 쓰세요.

<보기>

① 첫 번째　　② 두 번째　　③ 세 번째

④ 네 번째　　⑤ 다섯 번째　　⑥ 여섯 번째

⑦ 일곱 번째　　⑧ 여덟 번째　　⑨ 아홉 번째

⑩ 열 번째　　⑪ 열한 번째　　⑫ 열두 번째

⑬ 열세 번째

[88] 術

[89] 樂

[90] 第

♣ 수고하셨습니다.

정답　QR코드를 스캔하여 문제의 정답을 확인하세요.

〈끝〉

수험번호 □□□-□□-□□□□□□ **성명** □□□□□

생년월일 □□□□□□ ※ 유성 싸인펜, 붉은색 필기구 사용 불가.

※답안지는 컴퓨터로 처리되므로 구겨지거나 더럽혀지지 않도록 글씨를 칸 안에 또박또박 쓰십시오.
　글씨가 채점란으로 들어오면 오답처리가 됩니다.

한자능력검정시험 대비 6급 답안지(1)

번호	답안란 정답	채점란	번호	답안란 정답	채점란	번호	답안란 정답	채점란
1			15			29		
2			16			30		
3			17			31		
4			18			32		
5			19			33		
6			20			34		
7			21			35		
8			22			36		
9			23			37		
10			24			38		
11			25			39		
12			26			40		
13			27			41		
14			28			42		

감독위원	채점위원(1)		
(서명)	(득점)	(서명)	※뒷면으로 이어짐

한자능력검정시험 대비 6급 답안지(2)

답안란		채점란	답안란		채점란	답안란		채점란
번호	정답		번호	정답		번호	정답	
43			59			75		
44			60			76		
45			61			77		
46			62			78		
47			63			79		
48			64			80		
49			65			81		
50			66			82		
51			67			83		
52			68			84		
53			69			85		
54			70			86		
55			71			87		
56			72			88		
57			73			89		
58			74			90		

1주차

나는야 급수왕! (32~34쪽)

1. ① 由 ── 말미암을 ── 유
   ② 美 ╳ 재주 ── 재
   ③ 才 ╳ 아름다울 ── 미

2. ① 뜻 많을 음 다 ② 뜻 읽을 음 독

3. ① ㄷ   ② ㄱ   ③ ㅁ

4. ① 교과서   ② 다재   ③ 영어

5. ① 美術   ② 理由   ③ 科目

6. ①  英 7번째
   꽃부리 영

   ② 理 9번째
   다스릴 리

   ③  科 5번째
   과목 과

   ④ 讀 8번째
   읽을 독, 구절 두

나는야 놀이왕! (36~37쪽)

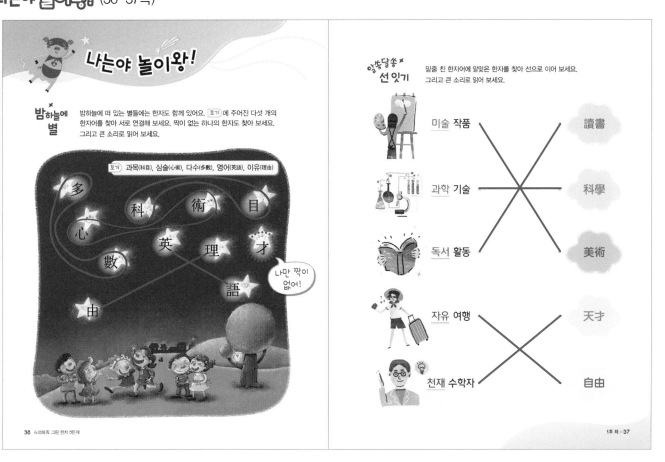

2주차

나는야 급수왕! (60-62쪽)

1.
① 神 ─ 정할 ─ 신
② 園 ─ 동산 ─ 원
③ 定 ─ 귀신 ─ 정

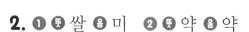

2. ① 뜻 쌀 음 미   ② 뜻 약 음 약

3. ① ㄷ   ② ㅁ   ③ ㄴ

4. ① 작성   ② 실수   ③ 공원

5. ① 神話   ② 醫術   ③ 消失

6.

① 醫 7번째 의원 의
② 庭 4번째 뜰 정
③ 飮 4번째 마실 음
④ 藥 5번째 약 약

나는야 놀이왕! (64-65쪽)

3주 차

나는야 급수왕! (88–90쪽)

1.
- ❶ 部 —— 떼
- ❷ 使 ✕ 높을
- ❸ 高 ✕ 하여금/부릴 —— 사

(고, 부 with ✕)

2. ❶ 뜻 줄 음 선 ❷ 뜻 길 음 로

3. ❶ ㄷ ❷ ㅁ ❸ ㄱ

4. ❶ 공용 ❷ 고수 ❸ 다급

5. ❶ 部族 ❷ 使用 ❸ 路線

6.

- ❶ 急 4번째 / 급할 급
- ❷ 族 3번째 / 겨레 족
- ❸ 特 5번째 / 특별할 특
- ❹ 速 5번째 / 빠를 속

나는야 놀이왕! (92–93쪽)

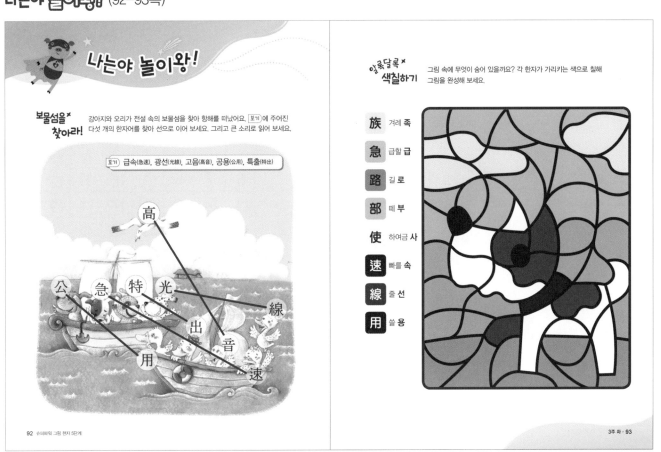

나는야 놀이왕!

보물섬을 찾아라! 강아지와 오리가 전설 속의 보물섬을 찾아 항해를 떠났어요. 보기에 주어진 다섯 개의 한자어를 찾아 선으로 이어 보세요. 그리고 큰 소리로 읽어 보세요.

보기 급속(急速), 광선(光線), 고음(高音), 공용(公用), 특출(特出)

알록달록 색칠하기 그림 속에 무엇이 숨어 있을까요? 각 한자가 가리키는 색으로 칠해 그림을 완성해 보세요.

族 겨레 족 / 急 급할 급 / 路 길 로 / 部 떼 부 / 使 하여금 사 / 速 빠를 속 / 線 줄 선 / 用 쓸 용

나는야 급수왕! (116–118쪽)

1.
① 古 — 옛
② 者 — 놈
③ 强 — 강할

고 — 古
자 — 者
강 — 强

2. ① 뜻 글 음 장 ② 뜻 열 음 개

3. ① ㄴ ② ㅁ ③ ㄷ

4. ① 신문 ② 방심 ③ 약자

5. ① 强弱 ② 開放 ③ 古代

6.
① 1 번째
즐거울 락, 노래 악

② 6 번째
날랠 용

③ 5 번째
약할 약

④  10 번째
새 신

나는야 놀이왕! (120–121쪽)

120 슈퍼파워 그림 한자 5단계

행복한 5월

우리 친구들이 제일 좋아하는 '어린이날'이 있는 5월이에요. 기념일마다 적힌 한자어를 한자로 써보고, 한자어의 뜻을 생각하며 큰 소리로 읽어 보세요.

讀 者 — 책을 읽는 사람.

强 弱 — 강하고 약함 또는 강하고 약한 정도.

古 代 — 원시 시대와 중세 사이의 아주 옛 시대.

放 心 — 긴장하거나 조심하지 않고 마음을 놓음.

4주 차 · 121

나는야 급수왕! (144-146쪽)

1.
① 在 —— 있을
② 利　　차례　　제
③ 第　　이로울　　리
　　　　　　　　재

2. ① 뜻 기다릴 음 대　② 뜻 맑을 음 청

3. ① ㄹ　② ㅁ　③ ㄷ

4. ① 제삼자　② 황색　③ 의식주

5. ① 作業　② 淸明　③ 現在

6.
① 業　3번째　업 업
② 苦　3번째　쓸 고
③ 黃　4번째　누를 황
④ 社　6번째　모일 사

나는야 놀이왕! (148-149쪽)

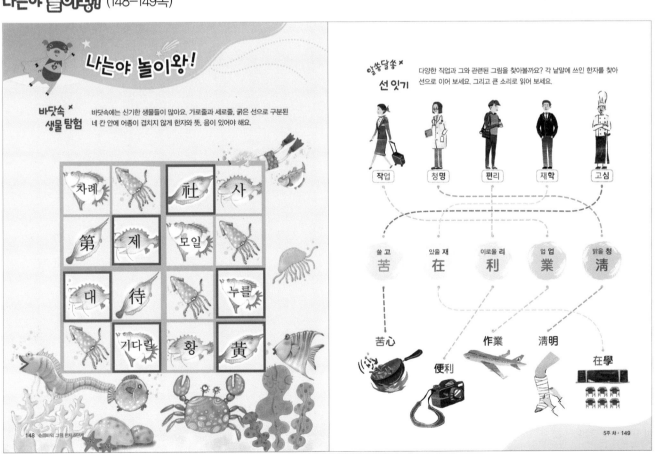

글자 모양이 변하는 한자들

한자는 서체에 따라 글자 모양이 달라지기도 해요. 이런 자형의 변화에는 공통점이 있습니다.
이를 이해하면 서체로 인한 혼동을 줄일 수 있어요.

＊ 이해를 돕기 위한 참고 한자 ＊

示＝礻	田＝罒	糸＝糸	⺾＝⺿	辶＝辶	角＝角
祖(祖)	畫(畫)	綠(綠)	草(草)	近(近)	解(解)

하루 한 장 기적의 한자 학습, 초등 한자와 급수 한자를 한 번에

슈퍼파워 그림한자 5단계

초판 인쇄 2023년 10월 17일 | **초판 발행** 2023년 10월 23일

지은이 동양북스 교육콘텐츠연구회 | **발행인** 김태웅 | **책임편집** 양정화 | **디자인** syoung.k | **마케팅 총괄** 김철영 | **제작** 현대순

발행처 (주)동양북스 | **등록** 제 2014-000055호 | **주소** 서울시 마포구 동교로 22길 14 (04030)

구입 문의 전화 (02)337-1737, 팩스 (02)334-6624 | **내용 문의** 전화 (02)337-1763, dybooks2@gmail.com

ISBN 979-11-5768-967-5 63710